MINIKURS

Eine Anleitung zur Heilung von Beziehungen und zum Erlangen des Geistesfriedens

Gerald G. Jampolsky

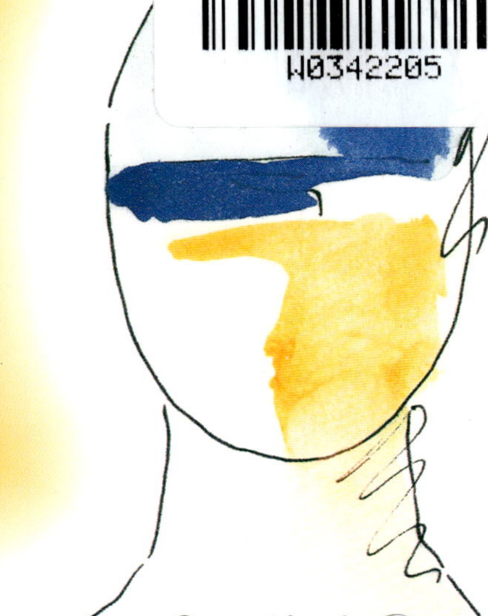

Greuthof

Wir können jeden Augenblick unseres Lebens als eine momentane Gelegenheit zu einem Wiedererwachen oder einer Wiedergeburt ansehen, in die sich keine irrelevanten Erinnerungen aus der Vergangenheit oder Zukunftserwartungen einmischen. In der Freiheit dieses gegenwärtigen Augenblicks können wir unser angeborenes liebevolles Wesen ausdehnen.

Indem wir beständig Liebe statt Angst wählen, können wir eine persönliche Wandlung erfahren, die über die Grenzen unserer physischen Sinne hinausgeht. Auf diese Weise können wir die Liebe erkennen, in der wir alle wahrhaft verbunden sind.

Dieser MINIKURS kann ganz einfach im folgenden Satz aus ***Ein Kurs in Wundern*** zusammengefaßt werden:

»Lehre nur Liebe,
weil du nur Liebe bist.«

Einleitung

Dies ist ein MINIKURS in 18 Tagen zur Heilung von Beziehungen und zum Erlangen des Geistesfriedens.

Viele unter uns finden es schwer, in einer Welt zu leben, die oft wahnsinnig erscheint und in der man zwischenmenschliche Beziehungen gewöhnlich als unvollständig, vorübergehend und unerfüllt erlebt.

Viele haben den Versuch gemacht, ihr Leben zu kontrollieren und vorauszuplanen. Was immer wir gesucht haben, wir scheinen es nie zu finden, und oft erfahren wir statt dessen Schmerz, Frustration, Depression oder Krankheit in irgendeiner Form.

Dieser MINIKURS soll uns begreifen helfen, daß wir die **Wahl** haben, wie wir uns, andere und die Welt um uns wahrnehmen. Wir haben die **Wahl**, ob wir Frieden oder Konflikt erfahren wollen. Wir haben die **Wahl**, ob wir Liebe oder Angst empfinden.

unser Geisteszustand voller Zweifel, Angst und Krankheitssorgen ist, dann projizieren wir diesen Zustand nach außen, und er wird daher die Wirklichkeit sein, die wir erfahren.

Zum Abschluß

Dieser MINIKURS gibt uns Richtlinien zur Heilung von Beziehungen und zum Erlangen des Geistesfriedens. Seine praktische Anwendung kann dazu beitragen, unsere Wahrnehmungen so zu verschieben, daß wir uns nicht mehr voneinander getrennt, angstvoll und konfliktbeladen fühlen, sondern statt dessen Eintracht, Liebe und Frieden erfahren. Die Heilung geschieht, wenn wir lernen, der Welt und allen Menschen zu vergeben und dadurch jeden und uns selbst als schuldlos zu sehen.

Die Umerziehung des Geistes

Erinnere dich als Hilfe bei der Umerziehung deines Geistes daran, dir in jeder Lage, egal ob sie scheinbar rein persönlich oder zwischenmenschlich ist, die folgenden Fragen zu stellen:

1. *Will ich* ***Geistesfrieden*** *oder* ***Konflikt*** *erfahren?*
2. *Wähle ich die Erfahrung von* ***Liebe*** *oder* ***Angst****?*
3. *Will ich* ***Liebe*** *oder* ***Fehler*** *finden?*
4. *Will ich* ***Liebe geben*** *oder* ***Liebe suchen****?*
5. *Ist diese Kommunikation (egal ob verbal oder nicht verbal) dem anderen Menschen gegenüber liebevoll, und ist sie mir gegenüber liebevoll?*

Viele unserer Gedanken, Äußerungen und Handlungen sind nicht liebevoll. Wenn wir Geistesfrieden wollen, ist es sehr wichtig, daß unsere Kommunikation mit anderen zu einem Gefühl der Verbindung führt.

Wenn wir inneren Frieden wollen, ist es notwendig, daß unser Denken, Reden und Tun miteinander im Einklang ist.

Vergebung

Der rote Faden, der diesem MINIKURS zugrunde liegt, ist der, daß der innere Frieden nur erlangt werden kann, wenn wir Vergebung üben. Vergebung ist das Loslassen der Vergangenheit und damit das Mittel, unsere Fehlwahrnehmungen zu berichtigen.

Unsere Fehlwahrnehmungen können nur jetzt aufgehoben werden, und das ist nur durch den Prozeß des Loslassens all dessen möglich, von dem wir meinen, andere Menschen hätten es uns angetan oder wir hätten es ihnen angetan. Dieser Prozeß selektiven Vergessens macht uns frei, eine Gegenwart ohne die Last der ständigen Wiederholung unserer Fehlwahrnehmungen zu erfahren.

Durch wahre Vergebung können wir dem endlosen Kreislauf der Schuld ein Ende setzen und uns selbst und andere mit Liebe betrachten. Die Vergebung erlaubt uns, all die Gedanken loszulassen, die uns voneinander zu trennen scheinen. Ohne den Glauben an Trennung können wir unsere eigene Heilung annehmen und heilende Liebe auf alle um uns ausdehnen. Heilung wird dann zum Gedanken der Einheit.

Indem wir den inneren Frieden als unser einziges Ziel erkennen, wird die Vergebung zu unserer einzigen Funktion. Wenn wir sowohl unsere Funktion als auch unser Ziel annehmen, stellen wir auch fest, daß das Hören auf unsere innere intuitive Stimme als Quelle der Führung unsere einzige Anleitung zur Erfüllung wird. Wir werden frei, wenn wir andere aus dem Gefängnis unserer verzerrten und täuschenden Wahrnehmungen befreien und uns in der Einheit der Liebe mit ihnen verbinden.

Habenwollen und Geben

Es ist wichtig, sich daran zu erinnern, daß wir alles haben, was wir jetzt brauchen, und daß das Wesen unseres Seins »Liebe« ist. Wenn wir glauben, wir müßten etwas von einem anderen Menschen haben, dann lieben wir diesen Menschen, wenn wir bekommen, was wir vermeintlich brauchen, und hassen ihn, wenn das nicht der Fall ist. Oft leben wir in Liebe-Haß-Beziehungen, in denen wir mit einer Liebe »handeln«, die Bedingungen stellt. Die Motivation, des »Habenwollens« führt zu Konflikt und zur Äußerung von Feindseligkeiten uns selbst und anderen gegenüber.

Anderseits führt die Motivation des »Gebens« zu einem Gefühl des inneren Friedens und zu einer Freude, die zeitlos ist. »Geben« heißt, die Liebe ohne Bedingungen, ohne Erwartungen und ohne Grenzen auszudehnen. Geistesfrieden tritt ein, wenn wir unsere ganze Aufmerksamkeit auf das »Geben« richten und kein Verlangen haben, irgend etwas von einem anderen Menschen haben oder ihn verändern zu wollen.

in Wirklichkeit ein Hilferuf und daher eine Bitte um Liebe. Um Frieden zu erfahren, müssen wir offensichtlich begreifen, daß wir tatsächlich die Wahl haben, unsere Wahrnehmungen zu bestimmen.

Viele unserer Versuche, andere zu »korrigieren«, bei denen wir ihnen konstruktive Kritik anzubieten glauben, sind in Wirklichkeit Versuche, sie anzugreifen, indem wir demonstrieren, daß sie »unrecht« und wir »recht« haben. Hier kann es hilfreich sein, unsere Motivationen unter die Lupe zu nehmen. Lehren wir Liebe oder demonstrieren wir Angriff?

Wenn andere sich nicht unseren Erwartungen entsprechend verändern, dann sehen wir sie höchstwahrscheinlich als schuldig an und verstärken dadurch unseren eigenen Glauben an die Schuld. Geistesfrieden rührt daher, andere nicht verändern zu wollen, sondern sie einfach so anzunehmen, wie sie sind. Wahres Annehmen stellt niemals Forderungen und erwartet nichts.

Wörter, die wir streichen sollten

Ein anderer Umerziehungsprozeß des Geistes hat damit zu tun, daß wir uns über die Wirkung der Wörter, die wir verwenden, klar werden. Die folgenden Wörter gehören zu denen, die wir gewöhnlich in Botschaften uns selbst und anderen gegenüber verwenden. Der Gebrauch dieser Wörter erhält die schuldbeladene Vergangenheit und angsterfüllte Zukunft in unserem Geist lebendig. Dadurch können unsere Konfliktgefühle sich nur verstärken.

Je besser wir begreifen, daß die Verwendung dieser Wörter unseren inneren Frieden behindert, desto einfacher wird die bewußte Übung, sie aus unseren Gedanken und Worten zu streichen. Es mag hilfreich sein, dir in Gedanken eine Tafel vorzustellen; jedesmal, wenn du ein solches Wort benutzt, stelle es dir auf die Tafel geschrieben vor, und wische es aus.

Bei dieser Übung ist es wichtig, daß du immer sanft mit dir umgehst. Wenn du merkst, daß du irgendeines dieser Wörter immer noch verwendest, sieh es einfach als einen Fehler an, der zu berichtigen ist, und

Angriff und Verteidigung

Wenn wir einen anderen als »Angreifer« sehen, glauben wir meist, uns verteidigen zu müssen, und finden direkt oder indirekt einen Weg zum »Gegenangriff«. Angreifen kommt immer von Angst und Schuld. Niemand greift an, wenn er sich nicht bedroht fühlt und meint, er könne durch Angreifen und auf Kosten der Verletzlichkeit eines anderen seine eigene Stärke beweisen. Und wie es bei allen Abwehrmechanismen der Fall ist, die dazu da sind, Schuld und Angst aus unserem Bewußtsein fernzuhalten, erhält der Angriff in Wirklichkeit nur das Problem.

Viele klammern sich an den Glauben, »Angreifen« verschaffe uns tatsächlich etwas, was wir haben wollen. Wir scheinen zu vergessen, daß »Angreifen« und »Verteidigen« uns keinen inneren Frieden bringen.

Um Frieden anstatt Konflikt zu erfahren, müssen wir unsere Wahrnehmung verschieben. Anstatt andere als Angreifer zu sehen, können wir sie als angstvoll sehen. Wir drücken immer entweder Liebe oder Angst aus. Angst ist

beschließe, dich wegen eines begangenen Fehlers nicht schuldig zu fühlen.

Hier ist die Wörterliste:

unmöglich
ich kann nicht
versuchen
Begrenzung
wenn nur
aber
schwierig
sollte
müßte
ich zweifle daran

jedes Wort, das dich oder jemand anderen in eine Kategorie steckt
jedes Wort, das dazu dienen kann, dich oder andere zu messen oder zu bewerten
jedes Wort, das dazu dienen kann, dich oder jemand anderen zu be- oder verurteilen.

Wir sind alle grenzenlos

Um dieses Gefühl der totalen Freiheit zu erleben, ist es wichtig, daß wir uns von der Beschäftigung mit der Vergangenheit und Zukunft lösen und beschließen, in einem unmittelbaren Gefühl des JETZT zu leben. Frei sein heißt auch, nicht an jene Wirklichkeit gebunden zu sein, die durch unsere physischen Sinne begrenzt zu sein scheint. Frei sein läßt uns an der Liebe teilhaben, die wir mit allen teilen.

Die Liebe kann als die völlige Abwesenheit von Angst betrachtet werden. Wir alle wollen Liebe, aber viele scheinen sie nicht erfahren zu können. Schuld- und Angstgefühle aus der Vergangenheit hemmen unsere Fähigkeit, in der Gegenwart Liebe zu geben und zu empfangen. Angst und Liebe können nie gleichzeitig erfahren werden. Wir haben immer die Wahl, welches dieser Gefühle wir wollen. Wenn wir konsequenter Liebe anstatt Angst wählen, können wir das Wesen und die Qualität unserer Beziehungen verändern.

Anwendung des Textes und der Lektionskarten

Um den größten Gewinn aus diesem MINIKURS zu ziehen, schlagen wir vor, daß du das Material folgendermaßen verwendest:

1. Lies jeden Morgen den Text, und wiederhole dessen Kernsätze. Es ist besonders günstig, dies sobald wie möglich nach dem Aufwachen zu tun.
2. Lies täglich nach dieser Wiederholung die Karte »**Will ich Frieden oder Konflikt erfahren?**«.
3. Lies danach die Lektionskarte für den Tag (beginne mit der ersten und nimm die Karten nacheinander durch, eine jeden Tag). Entspanne dich und verbringe mindestens fünf Minuten damit, den Kernsatz der Karte zu studieren. Wiederhole ihn immer wieder, bis er Teil deines Seins geworden ist.
4. Trage die Lektionskarte bei dir, und lies sie im Laufe des Tages und des Abends immer wieder; wende die Lektion ausnahmslos auf jeden und alles an.
5. Nimm dir, bevor du schlafen gehst, fünf oder mehr Minuten Zeit, die Grund-

Glaubenssystem — Wirklichkeit

Wir sind das, was wir glauben. Unser Glaubenssystem beruht auf unserer vergangenen Erfahrung, die wir in der Gegenwart ständig neu erleben, verbunden mit der Erwartung, daß die Zukunft so sein wird wie die Vergangenheit. Unsere gegenwärtigen Wahrnehmungen sind derart stark von der Vergangenheit gefärbt, daß wir unfähig sind, die unmittelbaren Geschehnisse in unserem Leben ohne Verzerrungen und Begrenzungen zu sehen. Mit etwas Bereitwilligkeit können wir jedoch überprüfen, wer wir zu sein vermeinen, um ein neues und tieferes Gefühl unserer wahren Identität zu erlangen.

gedanken des Textes noch einmal durchzugehen, und schließe mit einer Wiederholung der jeweiligen Tageslektion ab.

6. Wenn du auf diese Weise am Ende der 18 Lektionen angelangt bist, wird dir dein Lernen erleichtert, wenn du wieder mit der ersten Lektion beginnst und die ganze Serie noch einmal wiederholst.
7. Diese Übungsform sollte so lange beibehalten werden, bis du feststellst, daß du beständig an die Lektionen denkst und sie anwendest, ohne noch auf die Karten angewiesen zu sein.

Beschreibung des MINIKURSES

Dieser MINIKURS bietet konkrete Grundsätze und Richtlinien an, die durch das Üben der praktischen täglichen Lektionen Bedeutung für den einzelnen bekommen. Die Lektionskarten sollen denjenigen, die Interesse an einer Umschulung ihres Geistes haben, als Leitfaden dienen, um inneren Frieden zu finden.

Möglicherweise fällt es dir schwer, einige der Grundsätze und Lektionen zu akzeptieren oder überhaupt zu erkennen, inwiefern sie Bedeutung für die Probleme haben, mit denen du dich in deinem Leben auseinandersetzen mußt. Diese Zweifel oder Unsicherheiten spielen eigentlich keine Rolle. Wichtig ist hingegen deine Bereitwilligkeit, die Lektionen ausnahmslos zu üben. Die Erfahrung, die sich aus der Übung ergibt, wird dir zur Erlangung deines Ziels helfen, glücklicher zu werden.

Die Grundsätze hinter den Lektionen

1. Ein Hauptzweck der Zeit ist der, uns die Wahl zu geben, was wir erleben wollen: **Wollen wir Frieden oder Konflikt erfahren?**
2. Wir sind alle im Geist verbunden und eins.
3. Unsere Sinneswahrnehmung beschert uns eine beschränkte und verzerrte Sicht der Wirklichkeit.
4. Wir können tatsächlich die Welt, in der wir leben, oder andere Menschen nicht verändern. Wir *können* aber die Art und Weise ändern, wie wir die Welt, andere und uns selbst wahrnehmen.
5. Es gibt nur zwei Gefühle: Das eine ist Liebe, das andere ist Angst. Die Liebe ist unsere wahre Wirklichkeit; Angst ist etwas, das unser Geist erfunden hat, und daher ist sie unwirklich.
6. Was wir erfahren, ist unser nach außen projizierter Geisteszustand. Wenn unser Geisteszustand ein Zustand des Wohlseins, der Liebe und des Friedens ist, dann projizieren wir eben das, und das ist es, was wir erfahren. Wenn

MINIKURS

Eine Anleitung zur Heilung von Beziehungen und zum Erlangen des Geistesfriedens

Gerald G. Jampolsky

Greuthof

Will ich Frieden erfahren, oder will ich Konflikt erfahren?

Wenn ich Frieden will, befasse ich mich nur mit Geben; wenn ich Konflikt will, beschäftige ich mich damit, etwas zu bekommen, oder überlege, warum ich es nicht bekomme.

Frage dich jedesmal, wenn du mit andern sprichst:
Ist diese Kommunikation liebevoll dem anderen und mir selber gegenüber?

(Lies diese Karte täglich.)

Ich bin nicht das Opfer der Welt, die ich sehe.

Was ich außen sehe, ist eine Spiegelung dessen, was ich zuvor in meinem eigenen Geist gesehen habe. Ich projiziere die Gedanken, Gefühle und Haltungen, die mich beschäftigen, immer auf die Welt. Ich kann die Welt heute anders sehen, indem ich meine Einstellung ändere hinsichtlich dessen, was ich sehen möchte.

Wiederhole, wann immer du tagsüber in Versuchung gerätst, dich als Opfer zu sehen:

Nur meine liebevollen Gedanken sind wirklich. Nur solche möchte ich in dieser Situation (beschreibe sie) **oder dieser Person gegenüber** (nenne sie) **haben.**

16

Nur meine Beurteilung verletzt mich.

16

Ohne Urteil kann ich frei von Schuld und Angst sein. Wenn ich glaube, ich könnte andere verletzen, dann muß ich auch glauben, daß sie mir schaden können.

Heute will ich mich dadurch zu meiner eigenen Freiheit bekennen, daß ich die Vergebung für mich annehme und sie auf alle ausdehne, und ich sage mir:

Ich beschließe, mich und alle, die ich kenne, freudig aus dem Gefängnis des Urteilens zu befreien.

Es gibt eine andere Art, die Welt zu betrachten.

5

Die Welt, die ich mit den Augen der Angst sehe, ist in der Tat eine bedrohliche Welt. Es gibt aber eine andere Art und Weise, diese selbe Welt zu sehen. Ich kann beschließen, vertraute Menschen und Dinge so zu sehen, als sei es das erste Mal. Ohne meine vergangenen Ängste kann ich die Schönheit, Freude und Zufriedenheit rings um mich und in allen Menschen erfahren, die Teil meines Lebens sind.

Wiederhole tagsüber jedesmal, wenn du Angst empfindest:

Dies ist der Augenblick, in dem ich dich (Name) **und mich von einer angsterfüllten Welt befreie. Gemeinsam können wir uns darin verbinden, eine liebevolle Welt zu sehen.**

8

Angst ist in keiner Form gerechtfertigt.

8

Ich kann mich mit vergangenen Ängsten oder Zukunftsträumen beschäftigen, aber ich kann nur in diesem gegenwärtigen Augenblick leben. Dieser Augenblick ist kostbar, weil er anders ist als alle anderen Augenblicke. Während ich jederzeit Gelegenheit zum persönlichen Wachstum und zu meiner Erfüllung habe, hat es nie einen besseren Augenblick als jetzt und nie einen besseren Ort als hier gegeben.

Wann immer ich heute versucht bin, in der Vergangenheit oder in der Zukunft zu leben, will ich mich daran erinnern:

Ich kann hier und jetzt leben, ohne daß es etwas zu fürchten gäbe.

14

Dieser Augenblick ist die einzige Zeit, die es gibt.

14

Meine Beschäftigung mit der Vergangenheit und ihrer Projektion in die Zukunft vereitelt mein Ziel, Frieden in der Gegenwart zu finden. Frieden kann weder in der Vergangenheit noch in der Zukunft gefunden werden, sondern nur jetzt, in diesem Augenblick. Die Vergangenheit ist vorbei, und die Zukunft ist noch nicht da.

Ich bin fest entschlossen, heute ohne Vergangenheits- und Zukunftsphantasien zu leben, indem ich voll in diesen gegenwärtigen Augenblick einsteige und mir sage:

Dies ist die einzige Zeit, die es wirklich gibt.

2

Ich bin entschlossen, die Dinge anders zu sehen.

2

Fast mein ganzes Leben lang habe ich mich so verhalten, als sei ich ein Roboter, indem ich auf das reagierte, was andere Leute sagten oder taten. Jetzt begreife ich, daß meine Reaktionen nur durch meine eigenen Entscheidungen bestimmt werden können. Ich erhebe Anspruch auf meine Freiheit, indem ich meine Entscheidungsfreiheit dazu einsetze, Menschen und Ereignisse mit Liebe anstatt Angst zu sehen.

Jedesmal, wenn du heute in Versuchung gerätst, mit den Augen der Angst zu sehen, sage dir wieder mit Entschlossenheit:

Ich bin kein Roboter. Ich bin frei.

Ich bin heute entschlossen, die Dinge anders zu sehen.

7

Es gibt nichts zu fürchten.

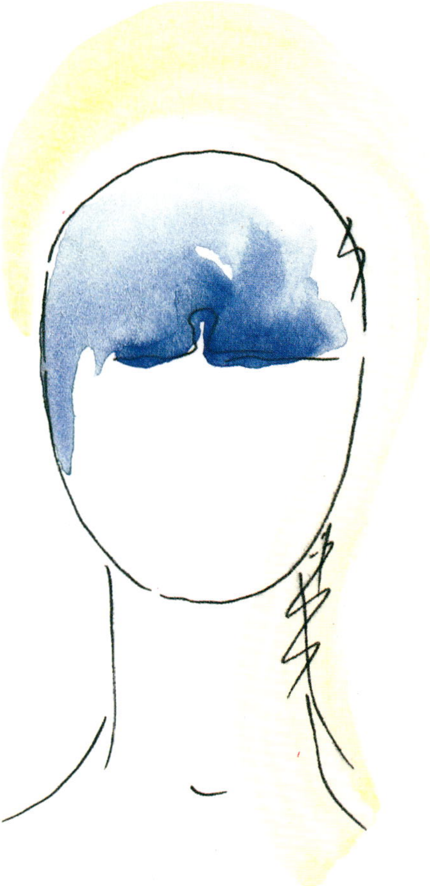

7

Die Welt, die meine liebevolle Schau verwandelt hat, zeigt mir, daß es nichts zu fürchten gibt. Ich kann unmöglich gleichzeitig Liebe und Angst verspüren. Es ist auch unmöglich, daß ich Frieden empfinde, wenn ich Angst habe.

Heute beschließe ich, nur Liebe zu erfahren, indem ich mich daran erinnere:
Es gibt nichts zu fürchten.

Ich bin verantwortlich für das,
was ich sehe.
Ich wähle die Gefühle,
die ich erfahre, und ich
entscheide mich für das Ziel,
das ich erreichen möchte.
Ich bitte um alles, was
mir zu widerfahren scheint,
und ich empfange,
wie ich gebeten habe.

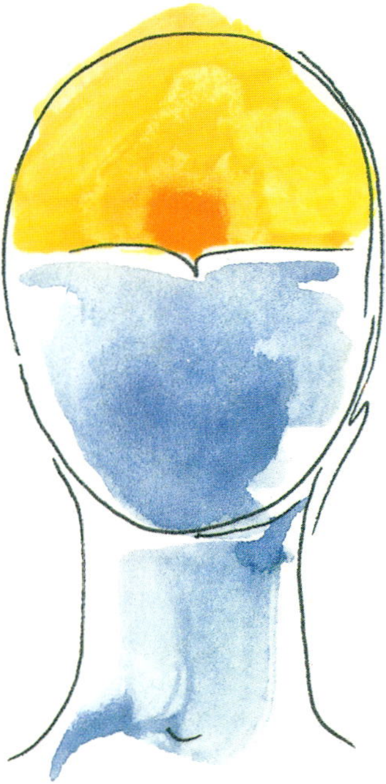

9

Geben und Empfangen sind in Wahrheit eins.

9

Geben und empfangen sind eins und müssen zusammen geschehen. Ich kann nur empfangen, was ich gebe. Das ist wahr in allen Situationen und Beziehungen meines Lebens.

Da ich heute den ganzen Tag über Frieden und Liebe empfangen möchte, sage ich jedem, dem ich begegne, im stillen oder laut:

Ich biete dir Frieden und Liebe an und nehme Liebe und Frieden für mich selbst an.

1

Ich rege mich nie aus dem Grund auf, den ich meine.

1

Ich bin versucht zu glauben, daß ich mich über Dinge aufrege, die andere tun, oder wegen Umständen und Ereignissen, über die ich keine Kontrolle zu haben scheine. Möglicherweise empfinde ich meine Aufregung als eine Form von Ärger oder Eifersucht, Unwillen oder Depression. Tatsächlich sind alle diese Gefühle eine Form von Angst, und ich habe die Wahl, Liebe zu erfahren oder voller Angst zu sein. Wenn ich wähle, Liebe zu erfahren, indem ich Liebe auf andere ausdehne, zerstreuen sich meine Ängste. Ich begreife, daß ich mich aus keinerlei Grund mehr aufzuregen brauche.

Wann immer du tagsüber in Versuchung gerätst, Angst zu haben, erinnere dich, daß du statt dessen Liebe erfahren kannst, und sage dir:

Mein Frieden kommt nur aus mir selbst. Er kann von nirgendwoher sonst kommen.

Ich kann beschließen, alle verletzenden Gedanken zu verändern.

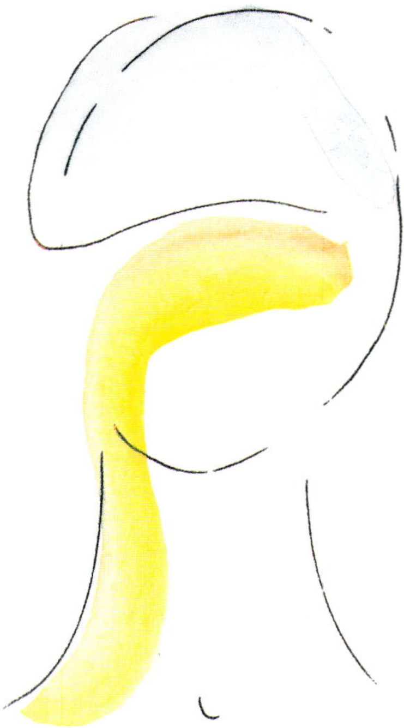

In meinem Geist befinden sich Gedanken, die mich verletzen oder mir helfen können. Ich wähle ständig aus, was sich in meinem Geist befinden soll, da niemand sonst diese Wahl für mich treffen kann. Ich kann beschließen, alles außer meinen liebevollen Gedanken loszulassen.

Ich bin **fest** entschlossen, daß alle meine Gedanken heute frei von Angst, Schuld oder Verurteilung sein sollen, sei es mir oder anderen gegenüber, und ich sage mir:

Ich kann beschließen, alle verletzenden Gedanken zu verändern.

15

Die Vergangenheit ist vorbei. Sie kann mich nicht berühren.

15

Nur wenn ich in der Gegenwart die Vergangenheit ständig wiedererlebe, bin ich Sklave der Zeit. Wenn ich der Vergangenheit vergebe und sie loslasse, befreie ich mich von den schmerzlichen Lasten, die ich in die Gegenwart mitgeschleppt habe. Jetzt kann ich ohne meine vergangenen Verzerrungen die Gelegenheiten zur Freiheit in der Gegenwart nutzen.

Heute ziele ich auf Freiheit ab und sage:

Ich wähle meine Befreiung aus vergangenem Schmerz und Leiden, indem ich nur in der unmittelbaren Gegenwart lebe.

6

Ich könnte statt dessen Frieden sehen.

Meistens sehe ich eine bruchstückhafte Welt, in der nichts besonders sinnvoll erscheint. Die Bruchstücke meiner täglichen Erfahrung spiegeln das Chaos wider, das ich in meinem Inneren sehe. Heute heiße ich eine neue Wahrnehmung meiner selbst und der Welt willkommen.

Jedesmal, wenn du spürst, daß dein Friede durch irgend etwas oder irgend jemanden bedroht wird, wiederhole bei dir: **Ich beschließe, die Einheit des Friedens zu sehen statt der Bruchstückhaftigkeit der Angst.**

11

Alles, was ich gebe, wird mir gegeben.

11

Ich habe mich getäuscht, als ich dachte, ich könne jemand anderem irgend etwas anderes geben, als was ich für mich selber haben will. Da ich Frieden, Liebe und Vergebung erfahren will, sind dies die einzigen Gaben, die ich anderen schenken möchte. Es ist keine Barmherzigkeit meinerseits, anderen Vergebung und Liebe statt Angriff anzubieten. Vielmehr ist Liebe anzubieten die einzige Art und Weise, wie ich Liebe für mich selbst annehmen kann.

Sage heute in jeder Situation und bei jeder Begegnung:

Alles, was ich gebe, wird mir gegeben. Gebe ich jetzt das, was ich selber haben möchte?

Heute will ich über nichts urteilen, was geschieht.

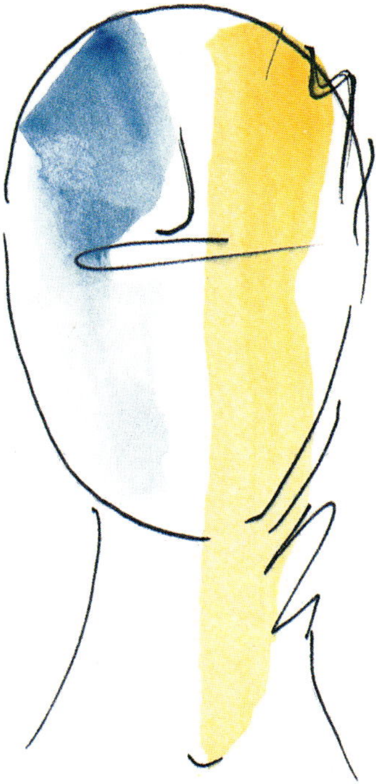

13

Ohne zu erkennen, wie begrenzt meine Sehweise war, habe ich es für möglich gehalten, über Menschen und Ereignisse in meinem Leben zu urteilen. Dabei habe ich gerade durch viele Erfahrungen, die ich als schwierig oder katastrophal angesehen hatte, die beste Gelegenheit bekommen, meine Wahrnehmung zu verändern. Ohne diese Herausforderungen könnte ich niemals sehen, daß jede mir eine neue Gelegenheit gibt, gerade die Lektionen zu lernen, die ich am meisten brauche.

Heute will ich alles, was geschieht, urteilslos betrachten und mich immer wieder daran erinnern:

Alle leben mit mir, damit ich sie liebe und nicht beurteile.

10

Vergebung ist der Schlüssel zum Glück.

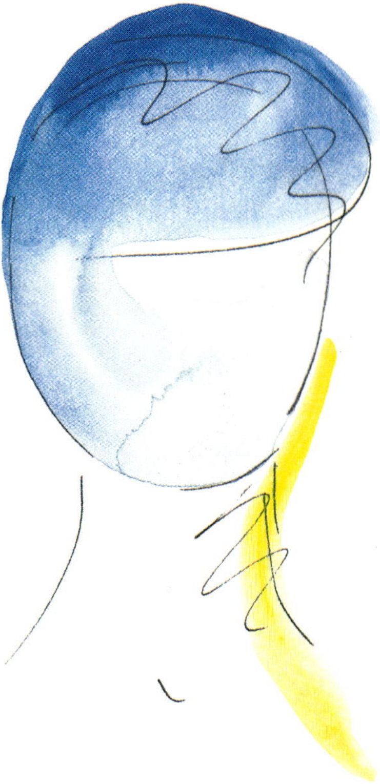

Jedesmal, wenn ich jemand anderen als schuldig ansehe, verstärke ich mein eigenes Gefühl der Schuld und des Unwertseins. Ich kann mir selber nicht vergeben, wenn ich nicht gewillt bin, andern zu vergeben. Was jemand mir in der Vergangenheit vermeintlich angetan hat oder ich vermeintlich getan habe, spielt keine Rolle. Nur durch Vergebung kann ich vollständig von Schuld und Angst befreit werden.

Ich beschließe, heute alle meine vergangenen Fehlwahrnehmungen über mich und andere loszulassen. Statt dessen will ich mich mit allen verbinden und sagen:

Ich sehe dich und mich nur im Licht der wahren Vergebung.

12

In meiner Wehrlosigkeit liegt meine Sicherheit.

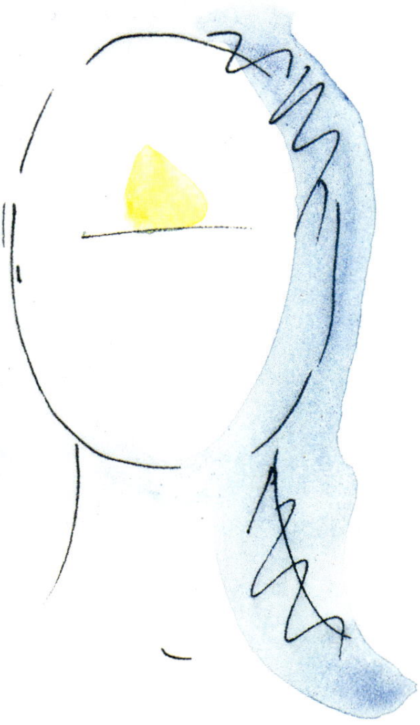

12

Eine defensive Reaktion auf eine »angreifende« Welt funktioniert nicht, weil sie meine eigenen Schwäche- und Verletzlichkeitsgefühle noch verstärkt. Nur Ängstliche glauben, Verteidigung würde sie schützen; sie begreifen nicht, daß sie in einer endlosen Kette von Angriff und Verteidigung gefangen sind. Wehrlosigkeit ist jedoch Stärke und kann nicht angegriffen werden. Heute erkenne ich, daß Abwehrmechanismen mich gar nicht schützen können, sondern das Gegenteil von dem bewirken, was ich will.

Wenn du dich heute tagsüber bedroht fühlst, dann wiederhole bei dir:

In meiner Wehrlosigkeit liegen meine Sicherheit und meine Stärke. Ich beschließe heute, die Schwäche hinter mir zu lassen.

3

Ich kann der Welt, die ich sehe, entrinnen, indem ich Angriffsgedanken aufgebe.

3

Heute erkenne ich, daß meine Angriffsgedanken anderen gegenüber in Wirklichkeit gegen mich selbst gerichtet sind. Wenn ich glaube, andere anzugreifen würde mir etwas bringen, das ich haben will, dann laß mich daran denken, daß ich immer zuerst mich selbst angreife. Ich möchte mich heute nicht wieder verletzen.

Wenn du heute tagsüber versucht bist, dich durch Angriffsgedanken zu verletzen, sage dir entschlossen:

Ich möchte in diesem Augenblick Geistesfrieden erfahren. Gerne lasse ich alle Angriffsgedanken los und wähle statt dessen den Frieden.

Die Leitsätze für die 18 Karten, mit Ausnahme der letzten, sind zitierte Überschriften folgender Lektionen aus dem Übungsbuch von *Ein Kurs in Wundern:*

1.: Lektion 5
2.: Lektion 21
3.: Lektion 23
4.: Lektion 31
5.: Lektion 33
6.: Lektion 34
7.: Lektion 48
8.: Lektion 240
9.: Lektion 108
10.: Lektion 121
11.: Lektion 126
12.: Lektion 153
13.: Lektion 243
14.: Lektion 308
15.: Lektion 289
16.: Lektion 198
17.: Lektion 284
18.: Textbuch 21.II.2:3-5*

* Das letzte Zitat stammt aus dem Textbuch von *Ein Kurs in Wundern*, Kapitel 21, zweiter Abschnitt, zweiter Absatz, Sätze 3 bis 5.